EL SISTEMA ÓSEO

Libros sobre el cuerpo humano para madrugadores

POR CAROLINE ARNOLD

EDICIONES LERNER • MINNEAPOLIS

La edición en español fue realizada por un equipo de traductores nativos de español de translations.com, empresa mundial dedicada a la traducción.

ediciones Lerner
Una división de Lerner Publishing Group
241 First Avenue North
Minneapolis, MN 55401 EUA

Dirección de Internet: www.lernerbooks.com

Las fotografías presentes en este libro se utilizan con autorización de: © PhotoDisc Royalty Free de Getty Images, págs. 5, 6, 7, 8, 10, 14, 18, 22, 23, 25, 27, 30, 31, 32, 34, 37, 39, 40, 46, 48 (inferior); © Todd Strand/Independent Picture Service, págs. 9, 19, 20, 33; © Royalty-Free/CORBIS, págs. 12, 15, 16, 24, 28, 36, 38, 42, 43, 47, 48 (superior); © Stockbyte, pág. 17; © Agricultural Research Service, USDA, pág. 21; © 3Dclinic de Getty Images, pág. 26; © Lester Lefkowitz/Taxi de Getty Images, pág. 29. Ilustraciones cortesía de Laura Westlund, págs. 4, 11, 13, 35, 41. Fotografía de portada: © Royalty-Free/CORBIS. Ilustración de la contraportada de Bill Hauser.

Library of Congress Cataloging-in-Publication Data

Arnold, Caroline.
    [Skeletal system. Spanish]
    El sistema oseo / por Caroline Arnold.
      p. cm. — (Libros sobre el cuerpo humano para madrugadores)
    Includes bibliographical references and index.
    ISBN-13: 978–0–8225–6257–3 (lib. bdg. : alk. paper)
    ISBN-10: 0–8225–6257–X (lib. bdg. : alk. paper)
    1. Human skeleton—Juvenile literature. I. Title. II. Series.
  QM101.A7518 2007
  611'.71—dc22   2006000396

Fabricado en los Estados Unidos de América
1 2 3 4 5 6 – JR – 12 11 10 09 08 07

CONTENIDO

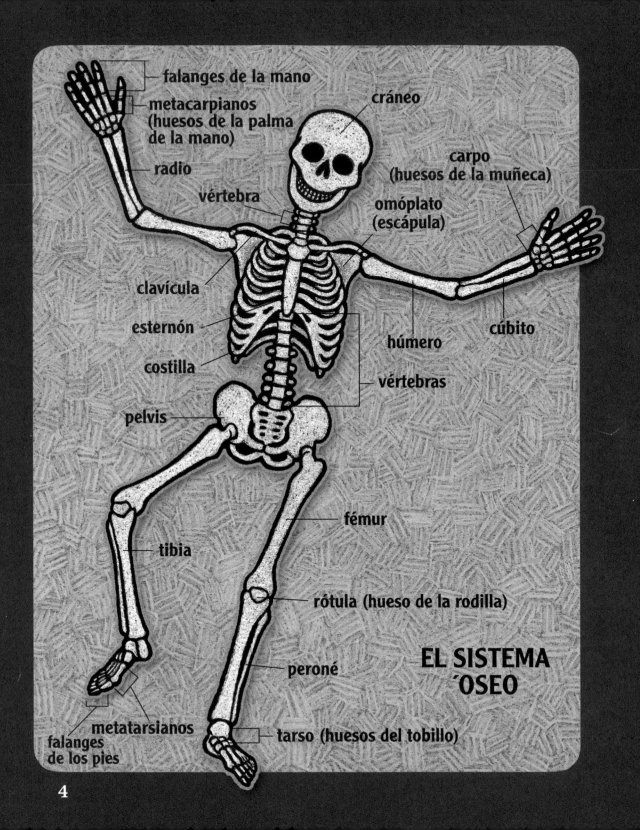

falanges de la mano

metacarpianos
(huesos de la palma
de la mano)

radio

vértebra

clavícula

esternón

costilla

pelvis

tibia

cráneo

carpo
(huesos de la muñeca)

omóplato
(escápula)

húmero

cúbito

vértebras

fémur

rótula (hueso de la rodilla)

peroné

**EL SISTEMA
ÓSEO**

metatarsianos

falanges
de los pies

tarso (huesos del tobillo)

DETECTIVE DE PALABRAS

¿Puedes encontrar estas palabras mientras lees sobre el sistema óseo? Conviértete en detective y trata de averiguar qué significan. Si necesitas ayuda, puedes consultar el glosario de la página 46.

articulación	esqueleto	periostio
cartílago	ligamentos	tendones
columna vertebral	médula espinal	vasos sanguíneos
cráneo	médula ósea	vértebra
esmalte	nervios	
	órganos	

CAPÍTULO 1

EL APOYO DEL CUERPO

En todas partes del cuerpo tenemos huesos. Los huesos le sirven de apoyo al cuerpo de la misma forma en que las varillas le sirven de apoyo a un paraguas.

Los huesos forman el sistema óseo. No se pueden ver, pero los puedes sentir bajo la piel. Necesitamos los huesos para que le den apoyo y protección al cuerpo. Los huesos también ayudan a que el cuerpo funcione bien.

Los huesos son duros y fuertes. La mayoría de las demás partes del cuerpo son blandas. Los huesos funcionan como los palos de una tienda. Sostienen tu cuerpo erguido y le dan forma y apoyo.

Si no tuvieras huesos, no podrías correr, saltar ni dar volteretas.

Los huesos y los músculos trabajan en equipo. Los músculos tiran de los huesos para que se muevan. Los que están unidos a los huesos de las piernas te permiten correr. Los que están unidos a los huesos de los dedos te permiten escribir

Los huesos protegen los órganos de tu cuerpo. El cráneo protege al encéfalo. Las costillas protegen el corazón y los pulmones. Los huesos de la cadera protegen los órganos de la parte inferior del cuerpo.

Los músculos y los huesos de la mano trabajan en equipo para dibujar.

CAPÍTULO 2

Los huesos te permiten estar de pie y erguido. ¿Cuál es el hueso más largo?

¿QUÉ SON LOS HUESOS?

Hay huesos de muchos tamaños. El hueso más pequeño está en el oído y tiene el tamaño de una semilla de ajonjolí. El hueso más largo está en la parte superior de la pierna y mide una cuarta parte de tu estatura.

Hay huesos de muchas formas. En los brazos y las piernas hay huesos largos. Por lo general son rectos y tienen extremos abultados. En las muñecas y los tobillos hay huesos cortos. Las costillas, los hombros, el esternón y los huesos del cráneo son huesos planos. Los huesos de la columna y del oído interno tienen formas extrañas e irregulares.

Los huesos de tus brazos y piernas son largos. Los de otras partes del cuerpo tienen muchas otras formas distintas.

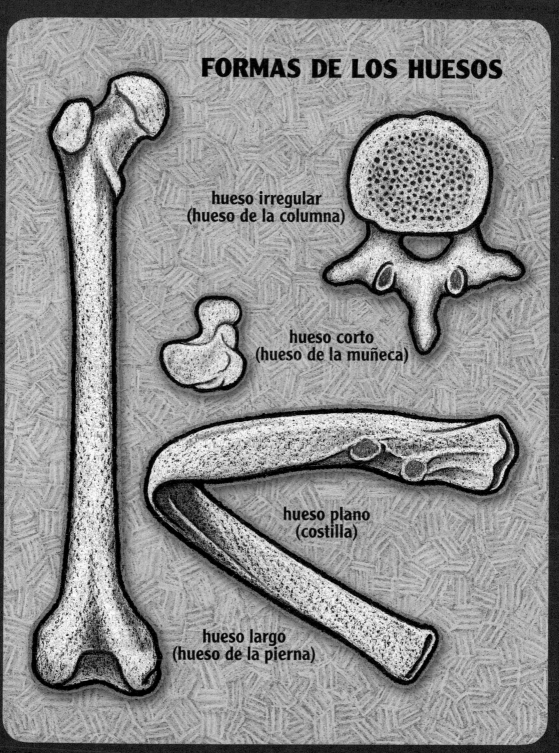

FORMAS DE LOS HUESOS

hueso irregular
(hueso de la columna)

hueso corto
(hueso de la muñeca)

hueso plano
(costilla)

hueso largo
(hueso de la pierna)

La mayor parte de la superficie de un hueso está cubierta por una delgada capa de vasos sanguíneos y nervios. Esta capa es el periostio. Les sirve a los huesos para crecer y repararse.

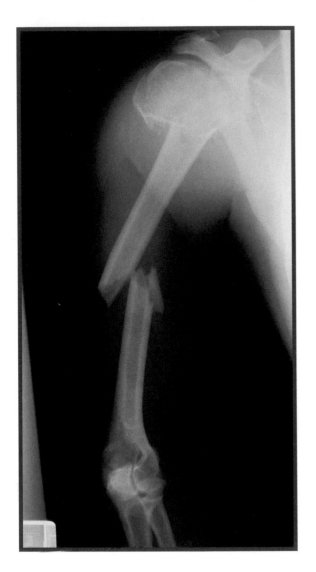

Los huesos son fuertes, pero a veces se rompen. Ésta es una radiografía de un hueso del brazo que se ha quebrado

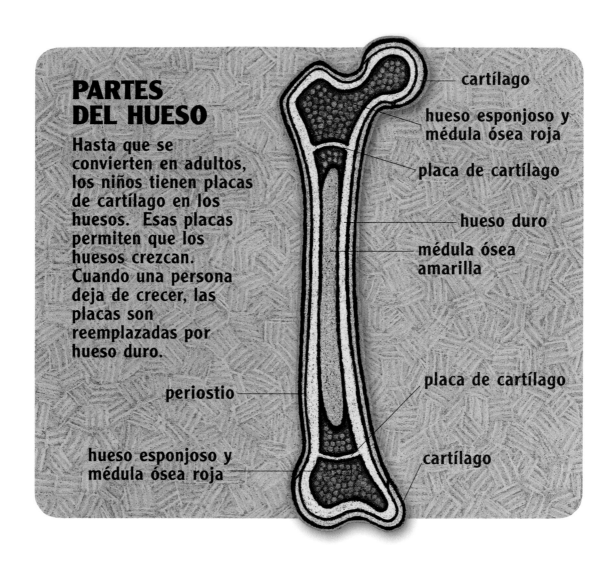

PARTES DEL HUESO

Hasta que se convierten en adultos, los niños tienen placas de cartílago en los huesos. Esas placas permiten que los huesos crezcan. Cuando una persona deja de crecer, las placas son reemplazadas por hueso duro.

cartílago

hueso esponjoso y médula ósea roja

placa de cartílago

hueso duro

médula ósea amarilla

placa de cartílago

periostio

hueso esponjoso y médula ósea roja

cartílago

Debajo del periostio se encuentra el hueso duro. En el hueso duro hay pequeños orificios que permiten el paso de los vasos sanguíneos y los nervios. Bajo el hueso duro hay una capa de hueso esponjoso más liviano, parecido a un panal de abejas.

En el centro, la mayoría de los huesos contienen un material blando parecido a la gelatina, que se llama médula ósea. La médula ósea amarilla almacena grasa. La médula ósea roja produce células sanguíneas. Los huesos producen miles de células sanguíneas todos los días.

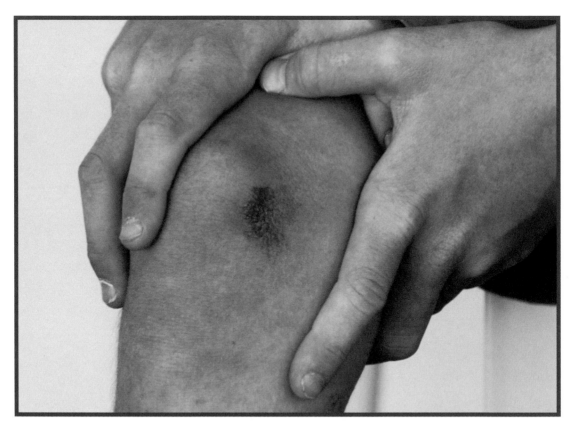

Cuando te raspas la rodilla, las plaquetas de la sangre se unen para formar un tapón que impide el paso de los microbios. Las plaquetas se producen en la médula ósea roja.

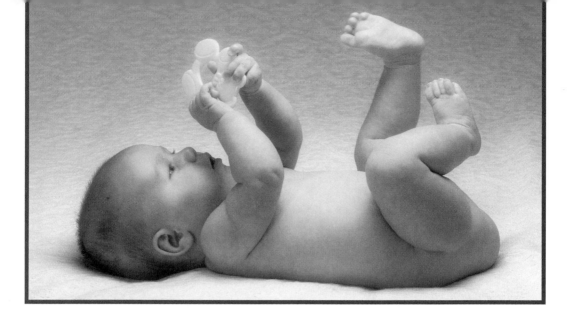

El cuerpo de un recién nacido tiene aproximadamente 300 huesos. A medida que crece, algunos de estos huesos se unen. Los adultos tienen cerca de 206 huesos.

Los extremos de los huesos están cubiertos por un material blanco llamado cartílago. El cartílago protege los huesos en los lugares en que se rozan unos con otros. También tenemos cartílago en la nariz y las orejas. El cartílago es duro y resbaladizo, y se puede doblar un poco. No es tan duro como el hueso, pero es fuerte. Los huesos del esqueleto de los bebés son de cartílago al comienzo. Lentamente, a medida que el niño crece, el cartílago se reemplaza por hueso duro.

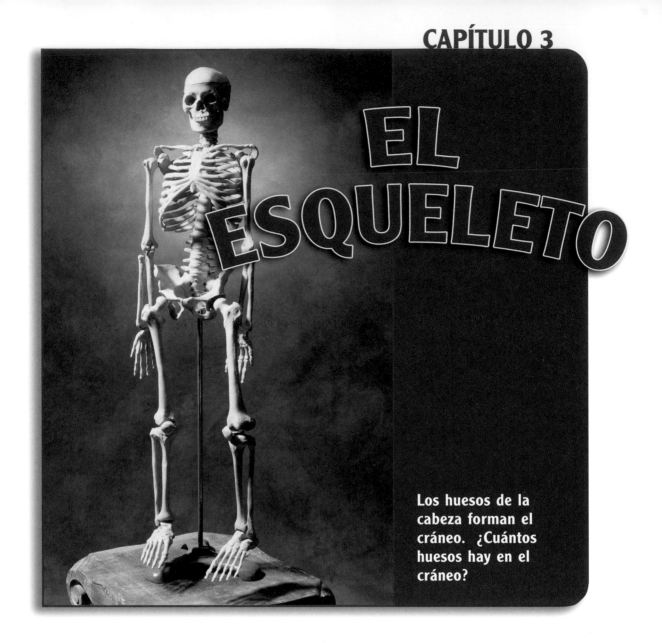

CAPÍTULO 3

EL ESQUELETO

Los huesos de la cabeza forman el cráneo. ¿Cuántos huesos hay en el cráneo?

El esqueleto es el armazón del cuerpo. No podrías estar de pie ni moverte si no tuvieras esqueleto.

16

El cráneo está en la parte superior del esqueleto. Si te tocas la cabeza, el cráneo se siente como un hueso grande y liso bajo la piel, pero en realidad está formado por 29 huesos unidos unos con otros. Funciona como un casco integrado al cuerpo y protege los órganos de la cabeza.

Los bebés tienen partes blandas en la parte superior de la cabeza. Se trata de espacios entre los huesos del cráneo. Cuando el bebé tenga dos años, los espacios se habrán llenado con hueso.

La parte superior del cráneo cubre el encéfalo. Los huesos del frente sostienen la cara. Tócate la cara con las manos. ¿Sientes los huecos que tienes en el cráneo alrededor de los ojos? El cráneo también tiene un hueco para la nariz y dos aberturas para los oídos.

La parte delantera del cráneo tiene 14 huesos que sostienen la cara.

Este modelo muestra el interior del oído. Los tres huesos diminutos del oído están coloreados de azul oscuro.

Cada oído tiene tres huesos diminutos que se mueven cuando reciben un sonido. Los nervios llevan esta información al cerebro para que oigas el sonido.

La mandíbula inferior es la única parte móvil del cráneo. Se mueve hacia arriba, hacia abajo y hacia los costados. Te permite hablar, morder y masticar.

La mandíbula inferior te permite morder una manzana.

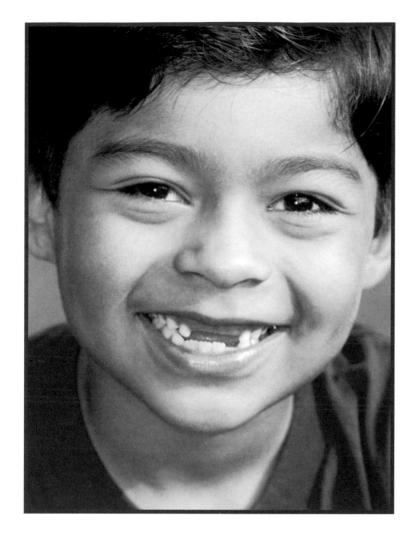

Los dientes de leche se te comenzaron a caer cuando tenías más o menos seis años. Entonces comenzaron a salir los dientes permanentes.

Los dientes están unidos a los huesos de la mandíbula. Son más duros que los huesos y están cubiertos por una gruesa capa de un material duro llamado esmalte. El esmalte evita que los dientes se desgasten al masticar.

La columna vertebral une el cráneo al resto del cuerpo. Es una hilera de 33 huesos, cada uno de los cuales se llama vértebra. El conjunto de vértebras forma una vara de hueso que le sirve de apoyo a la espalda.

La espalda está hecha de huesos duros, pero estos se pueden mover para que puedas inclinarte y tocarte los pies.

La espalda gira para que puedas mirar por encima del hombro.

Un hueso solo no se puede doblar. Pero la columna vertebral es como una sarta de cuentas en un alambre. La sarta se dobla y gira cuando te mueves. Una almohadilla de cartílago le sirve de amortiguador a cada vértebra.

La parte grande y redonda de cada vértebra sostiene el peso del cuerpo. Por el agujero del centro pasa la médula espinal, que transporta mensajes entre el encéfalo y las demás partes del cuerpo. En las prolongaciones de los costados y la parte posterior de cada vértebra se fijan varios músculos. Si pasas la mano, se pueden sentir las puntas de hueso.

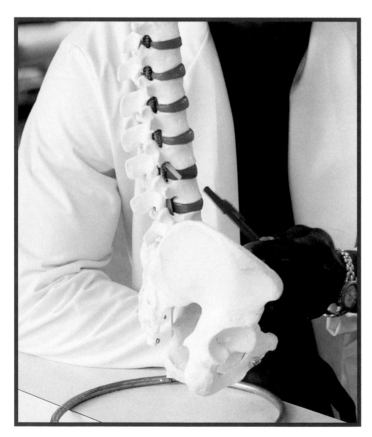

Entre los huesos de la espalda hay almohadillas de cartílago. El cartílago evita que los huesos se rocen cuando te mueves.

Las costillas quedan bajo la piel del pecho.

Las costillas son huesos largos y planos que se curvan alrededor de tu pecho. Tienes 12 pares de costillas. En la espalda, un extremo de cada costilla se une a la columna vertebral. Al frente, todas las costillas, excepto los dos pares inferiores, se unen al esternón. Esos dos pares son las costillas flotantes.

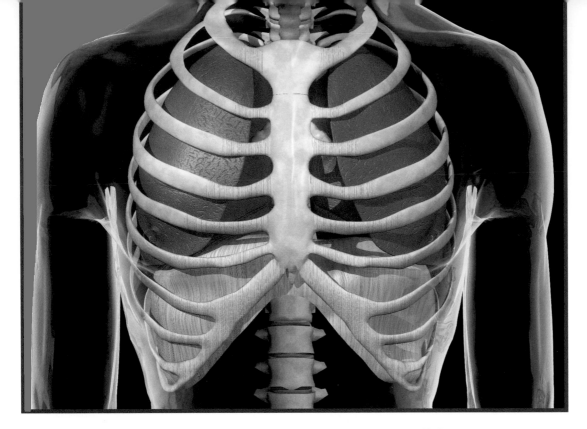

Las costillas protegen los órganos de la parte superior del cuerpo.

Las costillas, la columna vertebral y el esternón forman la caja torácica, que rodea como un cerco la parte superior del cuerpo. La caja torácica protege el corazón, los pulmones, los riñones, el hígado y otros órganos.

La caja torácica también te ayuda a respirar. Cuando los músculos la levantan, el aire entra a los pulmones. Cuando los músculos se relajan, el aire sale.

Los huesos del brazo se unen al resto del cuerpo en el hombro. El omóplato es un hueso grande, fuerte y plano de la espalda. Al frente, el hombro está sostenido por la clavícula.

Los dos bultos duros de la espalda son los huesos del hombro.

El brazo tiene un solo hueso largo. El antebrazo tiene dos huesos. Con la mano derecha, sostén el antebrazo izquierdo y gira la muñeca izquierda. ¿Sientes cómo giran los huesos? Estos huesos se mueven para que puedas llevar cosas o arrojar una pelota.

Los huesos del brazo giran para que puedas batear.

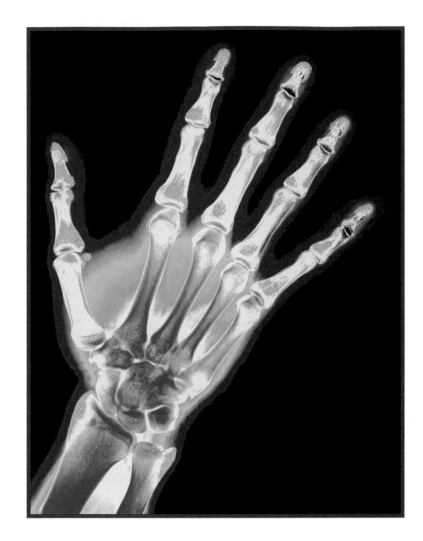

Esta ilustración muestra los huesos de la mano y la muñeca.

La muñeca es un grupo de huesos cortos y pequeños. Estos huesos se unen a los cinco huesos de la palma de la mano. Cada hueso de la palma se une a los huesos largos de los dedos de la mano. Los dedos son necesarios para agarrar cosas.

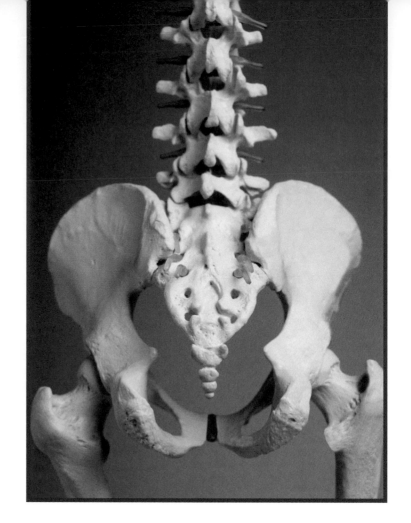

Los huesos de la cadera se unen a la parte inferior de la columna vertebral.

Las piernas se unen al resto del cuerpo en la cadera. Los huesos de la cadera le sirven de apoyo a la parte inferior del cuerpo y protegen sus órganos. Puedes sentir la parte superior de uno de estos huesos si te colocas la mano en el costado, debajo de la cintura.

La parte superior de la pierna tiene un solo hueso largo. La parte inferior tiene dos huesos que giran como los huesos del antebrazo y permiten que esta parte de la pierna gire.

Al girar los huesos de las piernas, puedes sentarte con las piernas cruzadas.

¿Te has caído y golpeado la rodilla? La rodilla está cubierta por un hueso pequeño llamado rótula, que sirve para protegerla.

Cuando te arrodillas, las rodillas se apoyan en el suelo. Las rótulas protegen los extremos de los huesos de las piernas.

Los huesos de los pies son muy parecidos a los de las manos.

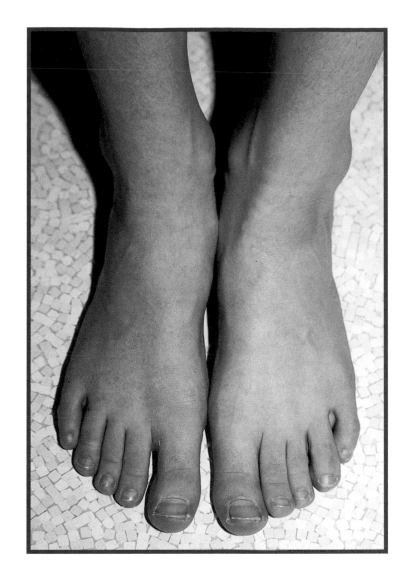

Los huesos de los pies se parecen a los huesos de las manos, pero no se pueden mover tanto. Se usan principalmente para estar de pie, caminar y correr.

CAPÍTULO 4

CÓMO SE UNEN LOS HUESOS

Los huesos se unen unos con otros para formar el esqueleto. ¿Cómo se llama el lugar de unión de dos huesos?

El lugar de unión de dos huesos se llama articulación. Hay distintos tipos de articulaciones en cada parte del cuerpo.

TIPOS DE ARTICULACIONES MÓVILES

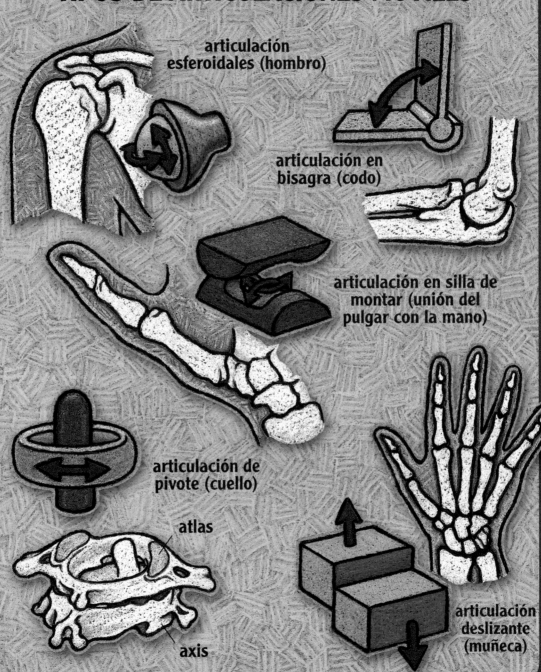

articulación esferoidales (hombro)

articulación en bisagra (codo)

articulación en silla de montar (unión del pulgar con la mano)

articulación de pivote (cuello)

atlas

axis

articulación deslizante (muñeca)

La articulación esferoidal del hombro te permite levantar la mano por encima de la cabeza.

Los hombros y las caderas tienen articulaciones esferoidales. El extremo del hueso del brazo y la pierna es redondo, como una bola. Se encaja en una cavidad en forma de copa en el hueso del hombro o la cadera. Las articulaciones esferoidales permiten que los brazos y las piernas se muevan en casi todas las direcciones.

Las articulaciones de los dedos se doblan en

La articulación en bisagra del codo se dobla en una sola dirección.

una sola dirección. Se llaman articulaciones en bisagra y funcionan como las bisagras de una puerta. También tenemos articulaciones en bisagra en las rodillas y los codos.

La del pulgar se llama articulación en silla de montar y tiene la forma de una montura. Esta articulación te permite mover el pulgar hacia arriba, hacia abajo y hacia los costados. También tenemos articulaciones en silla de montar en las muñecas y los tobillos.

En la parte superior de la columna tenemos una articulación especial de pivote. Es como un anillo colocado sobre una estaca. Permite que la cabeza se mueva hacia los costados, hacia arriba y hacia abajo.

Los huesos de la columna están unidos por articulaciones deslizantes que permiten que los huesos se deslicen suavemente cuando doblas la espalda, pero mantienen la columna lo suficientemente rígida para sostener el cuerpo. También hay articulaciones deslizantes en las muñecas y los tobillos.

La articulación de pivote del cuello permite girar la cabeza en muchas direcciones.

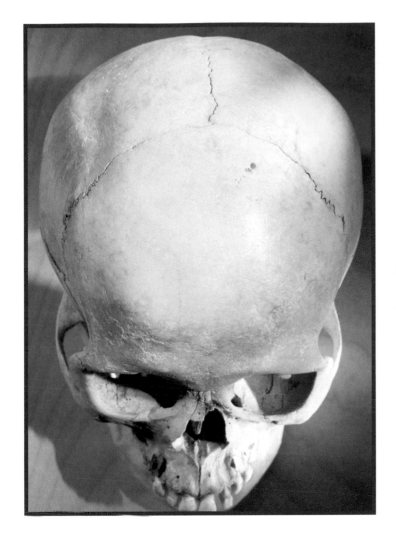

Las líneas en zigzag del cráneo son lugares de unión de distintos huesos.

Algunas articulaciones unen los huesos para que queden fijos. Estas articulaciones se llaman de sutura. El cráneo se mantiene unido por este tipo de articulaciones. Parecen líneas en zigzag en todo el hueso.

Los músculos y los huesos trabajan en equipo.

Dentro de las articulaciones móviles hay un líquido que permite que los huesos se deslicen fácilmente unos sobre otros. Este líquido funciona de la misma manera que el aceite que permite que una máquina funcione con facilidad.

Los huesos están unidos con bandas duras llamadas ligamentos. Los ligamentos envuelven las articulaciones y las mantienen unidas. Cuando los huesos se mueven, los ligamentos se estiran.

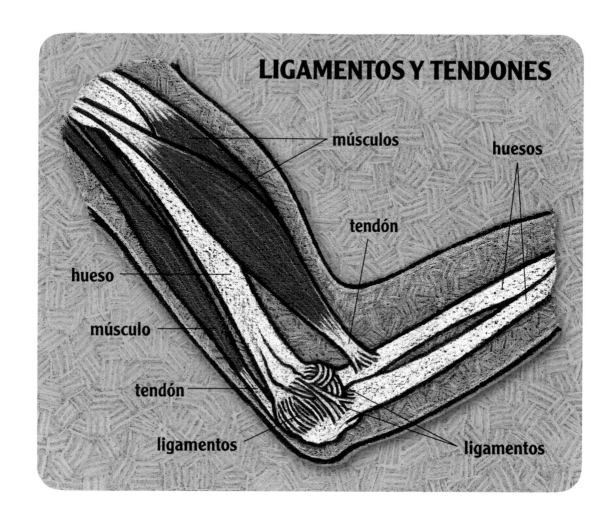

LIGAMENTOS Y TENDONES

músculos

huesos

tendón

hueso

músculo

tendón

ligamentos

ligamentos

Los músculos están unidos a los huesos mediante bandas angostas llamadas tendones. Los tendones son como tiras fuertes en los extremos de los músculos. Permiten que los músculos tiren de los huesos para que se muevan. Al doblar los dedos, se puede ver cómo se mueven los tendones en el dorso de la mano.

CAPÍTULO 5

HUESOS SANOS

Si tomas leche, tus huesos serán más fuertes. ¿Qué más puedes hacer para ayudar a tus huesos?

Los huesos sanos forman parte de un cuerpo sano. Puedes lograr que tus huesos sean sanos y fuertes si te alimentas bien y haces suficiente ejercicio.

Para ser fuertes, los huesos necesitan vitaminas y minerales. La leche y otros productos lácteos son buenas fuentes de las vitaminas y minerales que los huesos necesitan.

El ejercicio ayuda a los huesos porque mantiene los músculos fuertes. También hace que las articulaciones se muevan bien.

Puedes cuidar los huesos de la espalda practicando buenas posturas. Cuando estás de pie y te sientas derecho, evitas lastimarte la espalda.

El esqueleto forma parte importante de un cuerpo sano. Sin él, no podrías estar de pie, caminar, correr ni comer.

El ejercicio es bueno para los huesos y para el resto del cuerpo.

SOBRE COMPARTIR UN LIBRO

Al compartir un libro con un niño, usted le demuestra que leer es importante. Para aprovechar al máximo la experiencia, lean en un lugar cómodo y tranquilo. Apaguen el televisor y eviten otras distracciones, como el teléfono. Estén preparados para comenzar lentamente. Túrnense para leer distintas partes del libro. Deténganse de vez en cuando para hablar de lo que están leyendo. Hablen sobre las fotografías. Si el niño comienza a perder interés, dejen de leer. Cuando retomen el libro, repasen las partes que ya han leído.

DETECTIVE DE PALABRAS

La lista de la página 5 contiene palabras que son importantes para entender el tema de este libro. Conviértanse en detectives de palabras y búsquenlas mientras leen juntos el libro. Hablen sobre el significado de las palabras y cómo se usan en la oración. ¿Alguna de estas palabras tiene más de un significado? La definición de las palabras se encuentra en el glosario de la página 46.

¿QUÉ TAL UNAS PREGUNTAS?

Use preguntas para asegurarse de que el niño entienda la información de este libro. He aquí algunas sugerencias:

¿Qué nos dice este párrafo? ¿Qué muestra la imagen? ¿Qué crees que aprenderemos ahora? ¿Por qué necesitamos tener huesos? ¿Cuáles son los distintos tipos de articulaciones que unen los huesos? ¿Qué puedes hacer para tener huesos sanos? ¿Cuál es tu parte favorita del libro? ¿Por qué?

Si el niño tiene preguntas, no dude en responder con otras preguntas, como: ¿Qué crees *tú*? ¿Por qué? ¿Qué es lo que no sabes? Si el niño no recuerda algunos datos, consulten el índice.

PRESENTACIÓN DEL ÍNDICE

El índice le permite al lector encontrar información sin tener que revisar todo el libro. Consulte el índice de la página 48. Elija una entrada, por ejemplo *articulaciones*, y pídale al niño que use el índice para averiguar qué tipo de articulación es el hombro. Repita este proceso con todas las entradas que desee. Pídale al niño que señale las diferencias entre un índice y un glosario. (El índice le sirve al lector para encontrar información, mientras que el glosario explica el significado de las palabras.)

APRENDE MÁS SOBRE
EL SISTEMA ÓSEO

LIBROS

Anderson, Karen C. , and Stephen Cumbaa. *The Bones and Skeleton Gamebook.* Nueva York: Workman Publishing Company, 1993. Este libro está lleno de actividades, preguntas, juegos, crucigramas y experimentos para explorar el cuerpo humano y su funcionamiento.

Cumbaa, Stephen. *The Bones and Skeleton Book.* Nueva York: Workman Publishing Company, 1992. Este libro informativo sobre los huesos y otros sistemas y aparatos del cuerpo viene con un modelo de plástico de un esqueleto muy fácil de armar.

Gray, Susan Heinrichs. *The Skeletal System.* Chanhassen, MN: Child's World, 2004. Este libro describe el sistema óseo en forma de preguntas y respuestas.

LeVert, Suzanne. *Bones and Muscles.* Nueva York: Benchmark Books, 2002. Explica cómo los huesos y los músculos trabajan en equipo.

Maurer, Tracy. *Bones.* Vero Beach, FL: Rourke Corp. , 1999. Este libro contiene datos curiosos sobre el sistema óseo.

SITIOS WEB

My Body
   http://www. kidshealth. org/kid/body/mybody. html
   Este divertido sitio Web tiene información sobre los sistemas y aparatos del cuerpo, además de películas, juegos y actividades.

Pathfinders for Kids: The Skeletal System—The Bone Zone
   http://infozone. imcpl. org/kids_skel. htm
   Esta página Web tiene una lista de recursos que se pueden usar para aprender más sobre el sistema óseo.

Skeletons and Bones at Enchanted Learning
   http://www. zoomschool. com/themes/skeleton. shtml
   Este sitio tiene divertidas manualidades con esqueletos e información sobre el esqueleto de los seres humanos, las aves y los dinosaurios.

GLOSARIO

articulación: lugar de unión de dos huesos

cartílago: material duro de color blanco que protege los huesos en los sitios en que se rozan unos con otros

columna vertebral: hilera de huesos que se encuentra a lo largo del centro de la espalda

cráneo: caja ósea que protege el encéfalo y otros órganos de la cabeza

esmalte: material duro del exterior de los dientes; evita que los dientes se desgasten al masticar.

esqueleto: armazón de huesos del cuerpo

ligamentos: bandas duras y fuertes que unen los huesos

médula espinal: haz de células nerviosas que pasa por la columna vertebral y conecta los nervios al encéfalo

médula ósea: material blando y gelatinoso que se encuentra en el centro de la mayoría de los huesos; la médula ósea amarilla almacena grasa y la médula ósea roja produce células sanguíneas

nervios: haces de células nerviosas que transportan mensajes entre el cerebro y el resto del cuerpo

órganos: partes del cuerpo que cumplen funciones especiales; el corazón, los pulmones y los ojos son órganos

periostio: delgada capa de vasos sanguíneos y nervios que cubre la mayor parte de la superficie de un hueso; el periostio les sirve a los huesos para crecer y repararse

tendones: bandas duras que conectan los músculos a los huesos

vasos sanguíneos: tubos por los que circula la sangre dentro del cuerpo

vértebra: uno de los 33 huesos de la columna vertebral

ÍNDICE

Las páginas resaltadas en **negrita** hacen referencia a fotografías.

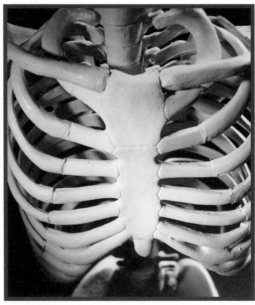